노경실 선생님이 들려주는

학교생활 안전

노경실 선생님이 들려주는
학교생활 안전
ⓒ 2018 노경실

1판 1쇄 펴낸날 | 2018년 8월 30일
1판 6쇄 펴낸날 | 2022년 1월 10일

지은이 | 노경실
그린이 | 우쿠쥐
펴낸이 | 양승윤

펴낸곳 | (주)와이엘씨
출판등록 | 1987년 12월 8일 제1987-000005호
주소 | 서울특별시 강남구 강남대로 354 혜천빌딩 (우)06242
전화 | 02-555-3200
팩스 | 02-552-0436
홈페이지 | www.aladinbook.co.kr

School Life Safety
by Noh Kyeong-sil

Copyright ⓒ 2018 by Noh Kyeong-sil
Printed in KOREA

값 9,800원
ISBN 978-89-8401-730-6 74810
ISBN 978-89-8401-729-0 74810(세트)

「이 도서의 국립중앙도서관 출판시도서목록(CIP)은 e-CIP 홈페이지(www.nl.go.kr/cip.php)에서 이용하실 수 있습니다. (CIP제어번호 : 2018025155)」

알라딘 북스는 (주)와이엘씨의 아동 전문 출판 브랜드입니다.

| KC 공통안전기준 표시사항 | ① 품명 : 노경실 선생님이 들려주는 학교생활 안전
② 제조자명 : 알라딘북스
③ 주소 : 서울시 강남구 강남대로 354
④ 연락처 : 02-555-3200
⑤ 제조년월 : 2022년 1월
⑥ 제조국 : 대한민국 | ⑦ 사용연령 : 7세 이상
⑧ 취급상 주의사항
  • 종이에 베이지 않도록 하세요.
  • 책의 모서리가 날카로우니 던지거나 떨어뜨려 다치지 않도록 주의하세요.
⑨ KC마크는 이 제품이 공통안전기준에 적합하였음을 의미합니다. |

노경실 선생님이 들려주는

학교생활 안전

글 노경실 · 그림 우쿠쥐

알라딘 북스

 머리말

안전한 생활이
안전한 미래를 만들어요!

   나의 어린 시절을 생각하면 지금은 말 그대로 꿈같은 세상입니다. 24시간 아무 때나 서로 얼굴을 보며 전화를 할 수 있지요. 궁금한 것이 있으면 손에 들고 있는 스마트 폰을 통해 바로바로 찾아볼 수도 있습니다. 먹고 싶은 것은 언제 어디서고 배달 서비스를 받을 수 있어요. 편리해진 우리의 생활을 다 이야기하자면 일주일도 넘게 걸릴지 모르겠어요. 그중에서도 가장 큰 변화는 아마도 인공지능일 거예요. 영화에서만 보던 로봇이 우리를 위해 일하는 세상이 되었으니까요.

   그런데 참 이상하지요? 날마다 새로운 기술, 첨단 제품들이 나오는데 왜 세상은 더 위험해지고 있는 것일까요? 아마 가장 큰 이유는 너무나 복잡해지고, 정신없이 빠르게 움직이는 사회 구조 때문일 거예요. 그러기에 지금 우리에게 안전한 환경을 만드는 것은 정말 중요합니다. 특히 어린이에게는 가정에서도, 학교에서도 안전 교육이 꼭 필요합니다. 안전은 '말'이나 '생각'만으로 되는 것이 아닙니다. '올바른 앎' 즉, 지식이 있어야 합니다. '아는 만큼 보고 아는 만큼 이해한다'는 속담을 기억하나요? 안전도 마찬가지입니다. 아는 만큼 내 안전을 잘 지킬 수 있습니다. 책과 교육을 통해 정확하고 올바른 안전 지식을 가져야 합니다.

나는 '어린이 안전 동화 시리즈'를 통해 어린이들에게 나를 안전하게 지키는 것은 나의 생명과 건강을 보호하는 것이며, 나의 멋진 미래를 가꾸는 첫걸음이라는 것을 알려 주고 싶습니다.

그리고 이것이 바로 나를 사랑하는 이들에게 가장 큰 기쁨과 선물이라는 것을 잊지 않기를 바랍니다. 언제나 어린이들과 강아지들과 함께하는 나는, 이 책이 어린이들의 행복하고 안전한 생활의 든든한 친구이자 선생님이 되길 소망합니다.

2018년 햇살 눈부신 아침,
일산 흰돌마을에서

노경실

 차례

머리말 4

교실 안전
교실은 놀이터가 아니야! 9

복도 안전
복도는 천천히, 계단은 조심조심! 26

학용품 안전
작다고 우습게 여기면 안 돼요! **40**

운동장 안전
신나게 운동하고 재미있게 놀기 **50**

특별실 안전
특별실이니까 특별하게! **60**

교실 안전

교실은 놀이터가 아니야!

보슬보슬 비가 내리는 아침입니다.

"와, 신난다!"

분홍 장화를 신은 채원이는 노란 우산을 이리저리 흔들며 학교로 향했습니다. 엄마가 새로 사 준 우산이지요. 채원이는 노란색이 좋아 우산 안을 휘 둘러보며 걸었습니다. 그때였습니다.

"아이고, 조심해야지!"

마주 오던 아주머니가 소리쳤습니다.

채원이가 깜짝 놀라 우산을 위로 치켜들었습니다.

아주머니는 앞자락에 묻은 빗물을 손으로 털어 냈습니다.

"얘야, 우산 쓸 때는 앞을 잘 보고 가야 해. 그렇잖으면 넘어질 수도 있고, 다른 사람을 다치게 할 수도 있어."

"죄, 죄송해요……."

채원이 얼굴이 발그레해졌습니다.

시무룩해진 채원이는 고개를 숙이고 걸었습니다.

"채원아, 같이 가!"

같은 반 친구 현호 목소리에 채원이가 고개를 들었습니다.

"와, 투명 우산이네!"

현호를 보자, 채원이 얼굴이 다시 밝아졌습니다.

"엄마가 비 오는 날은 이런 우산을 써야 한다고 했어."

"아, 투명 우산은 앞이 잘 보이겠구나? 난 아까……."

채원이는 현호에게 조금 전 일을 이야기하며 걸었습니다.

학교에 도착해, 교실 문을 여는 순간 현호와 채원이는 그만 뒤로 넘어질 뻔했습니다.

남자 아이 셋이 강풍처럼 갑자기 뛰어나왔기 때문입니다.

"잡아라!"

"우하하! 나 잡으면 줄게!"

세 아이는 로봇 장난감을 가지고 장난을 치고 있었습니다.

"휴, 큰일 날 뻔했네."

채원이는 놀란 마음을 진정시키며 자리에 앉았습니다.

"채원아, 공 가져왔어?"

오후에 공놀이하기로 한 짝꿍 희진이가 물었습니다.

"그럼!"

채원이는 가방에서 어른 주먹만한 분홍색 공을 꺼내 보였습니다.

"예쁘지? 우리 이모가 사 준건데 새처럼 잘 날아가."

채원이는 인기 만화 영화 주인공이 그려진 공을 자랑하며 던지는 시늉을 했습니다.

그 순간, 뒷자리에 앉은 미미가 채원이 공을 낚아채 다른 방향으로 던졌습니다.

"탕!"

공이 유리창에 부딪히며 큰 소리를 냈습니다.

아이들이 모두 놀라 창문을 쳐다보았습니다. 다행히 유리창은 깨지지 않았습니다. 만약 깨졌다면 그 근처에 앉아 있는 아이들에게 유리 조각이 떨어져 크게 다쳤을 겁니다.

"교실에서 공을 던지면 어떡해? 그리고 이건 내 공이잖아!"

화가 난 채원이가 소리쳤습니다.

"정말 새처럼 잘 날아가나 확인하려고 그런 건데……."

미미는 아무렇지 않은 얼굴로 말했습니다.

"그럼 운동장에서 해야지! 교실이 놀이터니?"

"와!"

채원이의 말에 아이들이 박수를 쳤습니다.

미미는 입에 테이프라도 붙인 듯 아무 말도 못했습니다.

선생님이 오기 전, 아침 시간은 언제나 시끄럽습니다. 채원이도 희진이와 즐겁게 이야기를 하고 있었습니다.

그때, 현호 목소리가 크게 들렸습니다.

"내가 더 높아!"

현호가 의자에 올라서서 외쳤습니다.

"아냐! 내가 제일 높아!"

그러자 지권이가 책상에 올라갔습니다.

현호도 기다렸다는 듯 책상으로 올라갔습니다.

"어어? 그럼, 나는……."

약이 오른 지권이가 의자를 책상에 올려놓았습니다. 그러자 아이들이 몰려들었습니다.

"위험해. 하지 마!"

채원이와 몇몇 아이들이 소리쳤습니다.

"올라가! 올라가!"

하지만 응원하듯 박수치는 아이들도 있었습니다. 그 소리에 으쓱해진 지권이가 의자에 한 발을 올렸습니다.

"안 돼!"

담임선생님이었습니다.

깜짝 놀란 지권이가 그대로 멈춘 채 선생님을 바라보았습니다. 책상에서 미처 내려오지 못한 현호도 그 자리에 서 있었습니다. 그사이 다른 아이들은 재빠르게 자리에 앉았습니다.

책상에 올라선 현호와 책상에 의자를 놓고 한쪽 발을 올려놓은 지권이. 두 아이는 동상처럼 한 발자국도 움직이지 못했습니다.

"조심조심 내려오렴."

다가온 선생님은 지권이의 팔을 붙잡아 주며 부드럽게 말했습니다. 야단맞을 줄 알았던 지권이는 가벼운 마음으로 훌쩍 내려왔습니다. 선생님은 현호도 내려오게 도와주었습니다.

두 아이는 혼나지 않은 것이 다행이라 생각하며 자리로 돌아가려 했습니다.

"멈춰! 너희들 다칠까 봐, 일단 내려오게 한 거야. 하지만 벌은 받아야지."

선생님은 두 아이 손에 물휴지를 쥐어 주었습니다.

"너희가 밟고 올라선 책상이랑 의자를 깨끗이 닦고, 미안하다고 말해 주렴."

"네에?"

현호와 지권이는 입을 비쭉거리면서도 강아지를 닦아 주듯 정성껏 책상과 의자를 닦았습니다. 아이들이 그 모습을 보며 키득거렸습니다.

"조용! 친구가 위험한 장난을 하면 말려야지. 더 하라고 부추

기는 건 좋은 친구가 아니야."

선생님의 말에 채원이가 씩 웃었습니다.

'그럼 나는 좋은 친구네!'

1교시 수업이 끝나자, 몇몇 아이들은 또다시 교실을 이리저리 뛰어다녔습니다.

자리에 앉아 이야기를 나누던 채원이와 희진이는 아이들이 자꾸 책상을 건들자 화가 났습니다.

"채원아, 우리 저기 가서 얘기하자."

채원이는 희진이를 따라 창가로 갔습니다. 채원이네 교실은 2층입니다. 두 아이는 창문을 열고 창틀에 걸터앉았습니다. 그리고 스티커를 보며 종알종알 이야기를 나누었습니다.

어느 순간 아이들이 우르르 몰려들었습니다.

"어? 스티커다!"

"새로 나온 거네! 나도 보여 줘!"

그 바람에 채원이와 희진이는 자기도 모르게 엉덩이가 조금씩 뒤로 밀렸습니다.

그때, 장난꾸러기 미미가 스티커를 보여 달라며 채 가려 했습니다.

"하지 마!"

희진이와 채원이는 동시에 소리쳤습니다.

그 순간 희진이의 엉덩이가 창밖으로 밀렸습니다.

"희진아!"

채원이가 희진이의 팔을 잡지 않았다면 아찔한 일이 벌어졌을 것입니다.

"으앙!"

놀란 희진이가 아기처럼 커다란 울음을 터뜨렸습니다. 희진이는 2교시를 알리는 종소리보다 더 크게 울었습니다.

"미안해, 미안해. 다시는 장난 안 칠게."

놀란 미미도 울먹이며 말했습니다.

'선생님 말씀대로 다시는 창가에 앉지 말아야지.'

채원이는 놀란 가슴을 진정시키며 속으로 다짐했습니다. 그리고 얼른 희진이를 달래 주었습니다.

"희진아, 울지 마. 그리고 우리 다시는 창가에 앉지 말자."

희진이가 울음을 그치지 않자 채원이도 울었습니다. 미미도 울었습니다.
세 아이는 선생님이 들어온 줄도 모르고 서로를 껴안고 울었습니다.

안전이 최고야!

❤ 문제를 잘 보고 알맞은 곳에 스티커를 붙여 보세요.

1 교실에서 어떻게 지내야 하나요?

㉮ 운동장처럼 뛰어놀아요.

㉯ 공부할 때는 조용히, 친구들과는 사이좋게 지내요.

2 책상은 어떻게 사용하나요?

㉮ 책상을 밟고 뛰어다녀요.

㉯ 수업 준비물을 올려놓고, 낙서하지 않아요.

3 의자로 장난치면 안 되나요?

㉮ 의자에 올라서거나 장난치는 것은 위험해요.

㉯ 친구가 앉을 때 의자를 뒤로 쑥 빼면 재미있어요.

4 창가에서 친구들과 놀아도 되나요?

㉮ 창틀에 올라앉아 장난치며 놀아요.

㉯ 창밖을 보며 조용히 이야기해요.

5 교실 청소 도구는 어떻게 사용하나요?

㉮ 쓰레받기에 담은 휴지는 쓰레기통에 버려요.

㉯ 걸레를 던지고 빗자루로 칼싸움을 해요.

노경실 선생님이 들려주는 '교실 안전'

교실은 여러분이 많은 시간을 보내는 곳이에요. 날마다 친구들과 만나고, 공부하는 소중한 공간이기도 하지요. 그런데 때로는 교실에서 심한 장난을 치거나 운동장처럼 생각해 뛰어노는 친구들이 있어요. 잘못 사용하면 책상, 의자, 문, 사물함 등이 위험한 흉기가 될 수 있어요. 작은 실수로 나에게 도움을 주는 것들이 나를 다치게 할 수 있다는 것을 잊지 마세요!

정답 ❶ 나 ㉯ / ❷ 나 ㉯ / ❸ 나 ㉯ / ❹ 나 ㉯ / ❺ 나 ㉮

복도 안전

복도는 천천히, 계단은 조심조심!

이른 아침, 학교에 온 세 명의 여자아이가 병아리처럼 모여 앉아 종알종알 이야기를 나누고 있습니다. 며칠 전, 창틀 사건으로 더욱 친해진 채원이와 희진이 그리고 미미입니다.

"우리는 이제 베스트 프렌드니까 앞으로 베프라고 하자!"

"나는 삼총사라는 말이 더 좋은 것 같아."

"그럼 베프 삼총사 어때?"

"좋아!"

세 아이는 새끼손가락을 걸고 우정을 약속했습니다.

"나 쉬 마려워. 화장실 갔다 올게."

"같이 가자!"

채원이가 일어나자 희진이와 미미가 따라갔습니다.

"우리는 베프 삼총사니까 어디든 같이 가는 거야!"

세 아이는 나란히 붙어서 화장실로 갔습니다.

"어? 문 잠그는 데가 망가졌어."

화장실에 들어갔던 채원이가 도로 나오며 말했습니다.

"그냥 누면 안 돼?"

미미가 물었습니다.

"우리 엄마가 문이 잠기는지 꼭 확인하랬어."

채원이는 다른 화장실로 들어갔습니다.

화장실에서 나온 세 아이는 1층에 있는 교무실로 향했습니다. 화장실 문이 망가진 것을 선생님께 알리기 위해서지요. 계단을 내려가는데 마침 등교하는 아이들이 우르르 계단을 올라오고 있었습니다. 하지만 베프가 된 세 아이는 한 줄이 아닌 셋이 나란히 붙어서 내려갔습니다.

"너희들 좀 비켜!"

"싫어! 우리 마음이야!"

"좁으니까 한 줄로 내려가."

"흥! 우리는 베프 삼총사라서 안 돼!"

계단을 올라오는 아이들이 뭐라 해도 세 아이는 꿈쩍도 하지 않았습니다. 그때였습니다.

"좋은 베프 삼총사라면 다른 친구들의 길을 막으면 안 되지."

계단을 올라오던 6학년 오빠 말에 세 아이의 얼굴이 빨개졌습니다. 그제야 자기들만 생각한 것이 부끄럽게 느껴졌습니다.

교무실에 가서 화장실 문이 고장 난 걸 말한 세 아이는 다시 교실로 향했습니다. 이번에는 한 줄로 계단을 올라갔습니다. 정말 좋은 베프 삼총사가 되고 싶었거든요.

2층 복도가 소란스러웠습니다. 복도 한가운데서 큰 소리로 떠들며 노는 아이들 때문에 복도를 지나기 힘들었습니다.

"복도에서 딱지놀이 하네. 아휴, 유치해."

미미가 눈을 치켜떴습니다.

"저번에 쟤네들이 딱지놀이 할 때 내가 모르고 건드렸는데 엄청 화를 냈어. 무서워……."

희진이가 고개를 절레절레 흔들었습니다.

아이들은 자기 집 안방처럼 복도를 차지하고 있었습니다.

"그래도 지나가야지. 교실에 안 들어갈 순 없잖아."

채원이가 주먹을 불끈 쥐고 뚜벅뚜벅 앞으로 걸었습니다. 희진이와 미미가 그 뒤를 따랐습니다.

"야, 비켜! 너 때문에 딱지가 안 뒤집혔잖아!"

지권이가 화를 내며 채원이를 밀쳤습니다.

"엄마야! 아얏!"

채원이가 뒤로 넘어지고 말았습니다.

"채원아!"

희진이와 미미가 얼른 채원이를 일으켜 세웠습니다.

"채원아, 괜찮아?"

현호가 딱지를 만지작거리며 걱정스런 얼굴로 물었습니다.

그러자 지권이가 현호의 팔을 잡아당겼습니다.

"현호야, 빨리 해. 좀 있으면 수업 종 울린단 말이야."

"응응……."

현호는 다시 한번 채원이를 보고는 딱지놀이를 했습니다.

"지권이 너, 사과해!"

화가 난 채원이가 두 손으로 엉덩이를 털며 소리쳤습니다.

"네가 사과해. 너 때문에 나 딱지 잃었거든!"

지권이는 뒤도 돌아보지 않고 말했습니다. 얼마나 열심히 하는지 콧물이 줄줄 흐르는데도 닦지 않았습니다.

"뭐? 지금 딱지 잃은 게 중요해?"

어느새, 채원이 눈에 눈물이 고였습니다. 하지만 지권이는 딱지놀이를 하느라 대꾸도 하지 않았습니다.

화가 난 채원이가 다시 말하려는 순간, 마침 담임선생님이 다가왔습니다.

"비켜! 내 딱지 밟지 마!"

지권이가 소리쳤습니다.

복도에 있는 아이들 눈이 커졌습니다. 지권이가 딱지에 정신

이 팔려 선생님인 줄 모르고 소리를 질렀거든요.

"지권아, 복도는 네 방이 아니야. 너 혼자만 독차지하는 곳이 아니란다."

지권이는 아무 말도 못하고 머리만 긁적였습니다.

운동회 연습을 하러 1학년이 모두 운동장에 모였습니다. 운동복으로 갈아입은 아이들은 웃고 떠들며 교실을 나섰습니다. 공부 대신 운동을 한다고 하니, 모두 신이 났습니다.

"우리 여기서부터 운동회 연습하자!"

2반에서 가장 키가 큰 민수가 계단 손잡이를 잡고 소리쳤습니다. 그러자 2반 아이들뿐 아니라 다른 반 아이들도 모여들었습니다.

"내가 먼저 할래. 야호, 난 아이언맨이다!"

민수가 계단 손잡이를 타고 아래로 쭉 내려갔습니다. 그러자 아이들이 너도나도 경쟁하듯 계단 손잡이에 올라탔습니다.

"난 슈퍼맨이다!"

"난 천둥신 토르다!"

아이들은 온갖 만화영화 주인공 이름을 말하며 계단을 타고 내려갔습니다.

계단을 걸어 내려가는 다른 아이들이 얼굴을 찡그렸습니다.

"선생님이 보면 혼날 텐데……."

"저러다가 다치면 어쩌려고 저래?"

그때였습니다.

"으아악!"

모두가 걱정하던 일이 벌어지고 말았습니다. 두 팔을 벌리고 계단 손잡이를 타고 내려가던 민수가 바닥에 떨어진 것입니다.

"악, 어떡해!"

놀란 아이들도 비명을 질렀습니다.

그날, 종례 시간에 담임선생님은 아이들에게 슬픈 소식을 전했습니다.

"민수는 이가 두 개나 부러졌어요. 여러분, 교실이나 복도 계단에서는 절대로 장난치면 안 돼요. 계단을 내려갈 때는 한 사람씩 천천히 손잡이를 잡고 내려가는 거예요. 알겠어요?"

선생님은 다시 한번 학교 안전에 대해 설명해 주었습니다.

아이들은 다른 때보다 열심히 선생님 말씀에 귀를 기울였습니다. 선생님 얼굴 뒤로 이가 부러져 울고 있는 민수의 얼굴이 떠올랐기 때문입니다.

안전이 최고야!

🌱 문제를 잘 보고 알맞은 곳에 스티커를 붙여 보세요.

1 복도에서는 어떻게 다니나요?

㉮ 내 마음대로 뛰어다녀요.

㉯ 조심조심 한쪽으로 다녀요.

2 계단을 오르내릴 때는 어떻게 하나요?

㉮ 손잡이를 잡고 천천히 내려가요.

㉯ 재빠르게 계단을 뛰어올라가요.

3 복도를 어떻게 사용하나요?

㉮ 휴지는 주워서 쓰레기통에 버려요.

㉯ 과자 봉지나 휴지를 마구 버려요.

4 쉬는 시간에 복도에서 어떻게 보내나요?

㉮ 복도 한가운데 서서 큰 소리로 이야기해요.

㉯ 다른 친구들이 다닐 수 있게 한쪽에 모여 이야기해요.

5 계단 손잡이는 어떻게 사용하나요?

㉮ 손잡이를 미끄럼처럼 타고 내려가요.

㉯ 손잡이를 잡고 내려가면 안전해요.

노경실 선생님이 들려주는 '복도 안전'

　복도와 계단은 주로 쉬는 시간이나 등하교 때 친구들과 이야기하며 다니는 곳이에요. 복도와 계단에서는 다른 사람과 부딪히지 않도록 앞을 잘 보고 걸어야 해요. 급한 일이 있어도 함부로 뛰거나 장난치지 않고 조심조심 다녀요. 복도와 계단은 여럿이 함께 이용하는 곳이기 때문에 다른 친구들에게 불편함을 주지 않도록 노력해요.

정답 ① 나 ② 가 ③ 나 ④ 나 ⑤ 나

학용품 안전

작다고 우습게 여기면 안 돼요!

현호는 지권이와 함께 아파트 단지 앞에 있는 문구점에 갔습니다. 망가진 학용품을 새로 사야 하기 때문입니다. 이 문구점은 아이들뿐 아니라 어른들도 이용하는 큰 문구점이지요. 두 아이는 대형마켓에 온 것처럼 신나게 이것저것 물건들을 구경했습니다.

"가위 사야 돼. 어떤 걸로 살까?"

현호가 가위를 둘러보며 말했습니다.

"무조건 싼 걸로 사."

지권이가 어른처럼 말했습니다.

"아니야, 우리 엄마가 이 마크가 있는 걸로 사라고 했어."
현호는 휴대폰에서 사진 한 장을 보여 주었습니다.
"케이시? 이게 뭐야?"
"이 아래에 써 있잖아. 국가 통합 인증 마크."
"그게 뭔데?"
지권이가 시큰둥하게 물었습니다.
"나도 잘은 모르겠는데 케이시 마크가 있는 게 안전하댔어."
"에이, 학용품인데 안 좋은 게 있어? 나는 제일 싼 걸로 사고 남은 돈으로 회오리 감자 사 먹을 거야. 헤헤……."
지권이는 강아지처럼 입맛을 다시며 말했습니다.
"아니야, 우리 엄마가 학용품도 안전마크를 꼭 확인하라고 했어. 회오리 감자는 하나 사서 나눠 먹자. 어때?"
현호가 지권이를 보며 씩 웃었습니다.
"좋아, 그럼 나도 안전마크 붙은 걸로 사야겠다!"
지권이도 웃는 얼굴로 대답했습니다.

미술 시간이 되자 아이들 책상마다 준비물로 가득했습니다.

"지금부터 집에서 키우는 애완동물 집을 만들 거예요."

선생님 말이 끝나자마자 아이들은 도화지에 그림부터 그렸습니다.

현호는 강아지 집을 그렸고, 채원이는 베란다에서 키우는 토끼집을 그렸습니다. 아이들은 색칠하고, 가위로 자르고, 풀을 바르고, 셀로판테이프를 붙이며 만들기에 집중했습니다. 교실 안은 학용품 쓰는 소리와 간혹 코 훌쩍이는 소리만 들렸습니다.

현호는 크레파스로 색칠하느라 가위가 바닥에 떨어진 줄 몰랐습니다. 지권이가 냉큼 집어 들더니 손가락에 걸고 빙빙 돌리며 말했습니다.

"안전마크 붙은 가위라서 잘 돌아가네. 헤헤……."

"어? 그거 내 가위잖아. 이리 줘."

그제야 현호는 제 가위인 줄 알았습니다. 하지만 지권이는 선생님 눈치를 보며 계속 장난을 쳤습니다.

"내 손 안에 있으니까 네가 갖고 가."

현호가 가위를 잡으려 하자 지권이는 더 세게 돌렸습니다.

"악!"

그때, 민수가 두 손으로 얼굴을 감싸며 비명을 질렀습니다. 지권이가 돌리던 가위가 민수의 얼굴에 맞은 것입니다. 조용하던 교실이 순식간에 아수라장이 되었습니다.

"무슨 일이야?"

선생님이 민수에게 달려왔습니다.

지권이는 겁에 질린 얼굴로 벌벌 떨고 있었습니다.

"민수 얼굴에 피 나는 거 아닐까? 어떡해?"

현호도 하얗게 질린 얼굴로 울먹였습니다.

선생님이 민수 얼굴을 살폈습니다.

"세상에! 천만다행이네. 가위 손잡이가 얼굴에 닿았구나! 가위 던진 사람 누구야?"

화가 난 선생님이 큰 소리로 물었습니다.

지권이가 고개를 푹 숙이고 천천히 손을 들었습니다.

선생님은 지권이에게 가위로 장난치는 게 얼마나 위험한 행동인지 다시 한번 설명해 주었습니다. 그 모습을 보는 현호의 마음도 편치 않았습니다.

아이들은 자신이 만든 애완동물 집을 교실 뒤에 있는 기다란 탁자에 전시했습니다. 푸른 풀밭처럼 초록 종이로 덮여 있는 탁자에 토끼집, 강아지 집, 병아리 집, 햄스터 집 그리고 앵무새 집, 고양이 집 등 여러 동물들의 귀여운 집들이 나란히 놓였습니다.

"자, 이제 사용했던 학용품들은 정리하고, 쓰레기는 쓰레기통에 버리자."

선생님 말씀에 아이들이 분주히 움직였습니다. 그런데 이번에는 미미가 장난을 시작했습니다.

"헤헤, 내가 파마해 줄게."

미미는 앞자리에 앉은 지아 머리카락에 딱풀을 쓱쓱 바르기 시작했습니다.

"이게 뭐야? 하지 마!"

지아가 손으로 머리카락을 만지며 울었습니다.

선생님은 지아를 화장실로 데리고 가서 머리카락에 묻은 딱풀을 닦아 주었습니다.

"얘들아, 학용품은 사람 몸에 함부로 사용하면 절대 안 돼.

미미야, 잘 알겠니?"

"네……."

미미가 훌쩍이며 대답했습니다.

그때, 현호가 손을 들었습니다.

"선생님, 여기 누가 압정을 버렸어요!"

선생님이 다가가 압정을 주워 들고 말했습니다.

"이렇게 작은 압정도 주의하지 않으면 무서운 흉기가 될 수 있어요. 이런 압정은 절대 가지고 다니지 말고, 앞으로 학용품을 사용할 때는 더욱 조심해서 사용하도록 하자. 모두 알겠니?"

"네!"

아이들이 입을 모아 큰 소리로 대답했습니다.

안전이 최고야!

🌱 문제를 잘 보고 알맞은 곳에 스티커를 붙여 보세요.

1 학용품을 살 때 무엇부터 살피나요?

㉮ 안전마크(KC마크)가 있는지 살펴보아요.
㉯ 무조건 가장 비싼 게 좋아요.

2 고무찰흙은 어떻게 사용하나요?

㉮ 친구 얼굴에 붙이거나 껌처럼 씹어요.
㉯ 장난치거나 입에 넣지 않아요.

3 날카로운 학용품은 어떻게 보관하나요?

㉮ 책가방에 아무렇게나 넣고 다녀요.
㉯ 서랍이나 사물함에 넣어 두어요.

4 자는 어떻게 사용해야 하나요?

㉮ 자의 뾰족한 끝을 조심해서 사용해요.

㉯ 자로 친구들과 칼싸움해요.

5 학용품이 교실 바닥에 떨어져도 괜찮나요?

㉮ 귀찮으니까 줍지 않고 그냥 두어요.

㉯ 다치거나, 학용품이 망가질 수 있으니 얼른 주워요.

노경실 선생님이 들려주는 '학용품 안전'

학용품은 우리에게 유익한 물건이지만 잘못 다루면 나 자신은 물론 친구들도 다칠 수 있어요. 가위, 자, 책받침, 크레파스, 연필, 풀 등은 수업 시간에 필요한 것들이지만 장난감처럼 아무렇게나 사용하면 큰 사고가 날 수 있지요. 학용품은 주의 사항을 잘 읽고, 꼭 필요한 곳에 적절히 사용할 때 유익하고 안전한 물건이 될 수 있답니다.

운동장 안전

신나게 운동하고 재미있게 놀아요!

오늘은 다음 주에 열리는 운동회 연습 마지막 날이랍니다. 전체 학급이 운동장에 모두 모였습니다. 체육 담당인 1반 담임 선생님이 앞으로 나왔습니다.

"여러분, 준비 운동합시다."

"우리가 유치원생인가? 왜 만날 준비 운동을 하지?"

민수가 얼굴을 찡그렸습니다.

"우리 엄마가 그러는데 준비 운동은 피자 굽는 거랑 같대."

현호가 말했습니다.

"피자? 왜?"

민수가 고개를 갸우뚱거렸습니다.

"피자를 처음부터 센 불에서 구우면 속은 안 익고 겉만 타 버린대. 그럼 못 먹잖아. 준비 운동도 마찬가지야. 준비 운동을 잘해야 무슨 운동이든 잘한대."

"헤헤, 난 그런 거 모르겠고 달리기 연습이나 할래. 이번엔 꼭 일등할 거거든!"

민수는 현호와 지권이가 말리는데도 선생님 몰래 운동장 한쪽으로 갔습니다. 그리고 전속력을 내서 뛰었습니다. 한 번, 두 번, 그리고 세 번째 달리던 민수가 갑자기 비명을 지르며 푹 쓰러졌습니다.

"악, 내 다리!"

깜짝 놀란 현호와 지권이가 민수에게 달려갔습니다. 담임선생님도 뛰어왔습니다.

민수는 주저앉아 왼쪽 다리를 붙잡고 엉엉 울었습니다.

"흑흑, 다리가 마비된 것 같아요……."

선생님이 두 손으로 민수의 다리를 마사지해 주었습니다.

민수가 그제야 울음을 그쳤습니다.
"하하하, 겉만 태워진 피자가 됐네. 거 봐. 현호가 준비 운동 하라고 했잖아!"
지권이의 말에 민수는 아무 말도 하지 못했습니다.

줄넘기 연습을 할 때였습니다. 미미가 줄을 길게 늘어뜨리더니 공중에 빙빙 돌렸습니다.
"호호호, 새가 날아간다, 이얏!"
"엄마야!"
놀란 아이들이 황급히 피했습니다. 그러자 미미가 더 세게 줄을 돌렸습니다.
"아얏!"
공을 튕기며 달려오던 지권이가 줄넘기 손잡이에 머리를 맞고는 그 자리에 털썩 주저앉았습니다.
깜짝 놀란 아이들이 지권이에게 모여들었습니다.
"지권아, 괜찮아?"
지권이는 두 손으로 머리를 감싸며 울먹였습니다.

"얼굴에 안 맞아서 그나마 다행이다……."

현호가 어른처럼 지권이의 머리를 만져 주었습니다.

미미는 선생님께 주의를 들었습니다.

그 모습을 본 아이들은 모두 조심하는 마음으로 족구 연습을 시작했습니다. 하지만 이번에도 미미가 상대편 골대가 아닌 지권이를 향해 있는 힘껏 공을 찼습니다.

다행히 공이 지권이 등에 맞았지만 얼마나 세게 찼는지 지권이의 몸이 휘청했습니다.

놀란 1반 선생님이 달려왔습니다. 선생님은 체육복에 붙은 이름표를 보더니 화가 난 얼굴로 말했습니다.

"이미미, 또 너니? 너는 퇴장이야. 앞으로 족구 시합에 나갈 수 없다."

"왜요? 내가 뭘 잘못했는데요?"

미미가 억울하다는 듯 울먹였습니다.

"선생님이 다 봤어. 일부러 친구를 공격하는 건 함께 경기할 자격이 없는 거야. 운동은 장난이 아니란다."

선생님의 설명에 미미는 아무 말도 하지 못했습니다.

그때, 지권이가 한 손으로 아픈 등을 만지며 다가왔습니다.

"선생님, 미미를 한 번만 봐주세요. 다시는 안 그러겠지요."

지권이의 말에 선생님이 손뼉을 쳤습니다.

"여러분, 이게 바로 운동선수 정신이에요. 모두 지권이에게 박수 쳐 주자."

선생님과 친구들의 박수에 지권이는 쑥스러운 듯 머리를 긁적였습니다.

운동회 연습이 끝나자 지권이는 누가 시키지 않았는데도 운동장 여기저기 놓여 있는 공, 줄넘기, 의자 등을 체육실에 갖다 놓았습니다. 현호와 민수도 함께했습니다. 비죽거리며 서 있던 미미도 도왔습니다. 그러자 채원이와 희진이도 힘을 합했습니다.

멀리서 그 모습을 보던 담임선생님이 미소 띤 얼굴로 중얼거렸습니다.

"이번 운동회가 벌써부터 기대되네……."

안전이 최고야!

❤ 문제를 잘 보고 알맞은 곳에 스티커를 붙여 보세요.

1 준비 운동을 꼭 해야 하나요?

㉮ 운동을 잘하면 준비 운동은 안 해도 돼요.

㉯ 운동 전, 준비 운동은 꼭 필요해요.

2 운동 시간에 규칙이 중요한가요?

㉮ 규칙을 지키지 않으면 다칠 수 있어요.

㉯ 규칙보다 이기는 게 중요해요.

3 운동장 놀이기구는 어떻게 사용하나요?

㉮ 차례대로 질서 있게 사용해요.

㉯ 철봉에 매달려서 장난치며 놀아요.

4 운동을 하다가 어지러우면 어떻게 해요?

㉮ 지는 게 싫어서 끝까지 해요.   ㉯ 선생님께 말하고 보건실에 가요.

5 몸이 약한 친구가 있을 때는 어떻게 하나요?

㉮ 친구가 잘할 수 있도록 도와주어요.   ㉯ 힘들어도 무조건 하라고 해요.

노경실 선생님이 들려주는 '운동장 안전'

체육 활동에서 내 실력, 내 건강을 뽐내려고 하다가는 사고가 날 수 있어요. 운동 기구를 함부로 다루면 크게 다칠 수 있고, 준비 운동 없이 심한 운동을 하면 심장에 무리가 올 수도 있지요. 운동장 안전에서 가장 중요한 것은 질서와 규칙이에요. 선생님 말씀을 잘 듣고 함께하는 친구들을 배려할 때 안전하고 즐거운 체육 활동 시간이 될 수 있어요.

정답: ① 나 가 / ② 나 가 / ③ 나 가 / ④ 가 나 / ⑤ 가 나

특별실 안전

특별실이니까 특별하게!

"선생님이 다시 한번 말하지만 과학실에서는 어떻게?"

"과학자의 마음으로!"

방과 후, 과학반 아이들은 선생님의 질문에 합창하듯 한목소리로 대답했습니다. 아이들은 오늘 하는 실험에 한껏 마음이 들떠 있습니다. 마치 우주여행이라도 하는 것처럼요.

"그렇다면 과학자의 마음은?"

"조용하고, 서두르지 않는다! 입으로 하지 않는다!"

하지만 아이들은 가운을 입는 순간부터 웃고 떠들고 이것저것 만지기 시작했습니다.

선생님이 주의를 줄 때만 잠깐잠깐 조용했지요.

"선생님, 과학실은 수술실 같아요!"

"아니야, 요리하는 주방 같아!"

현호와 지권이는 촘촘히 꽂혀 있는 기다란 유리관들과 비커를 보고 말했습니다. 어떤 아이들은 손으로 만지거나 들고 흔들어 보기까지 했습니다.

그 모습을 본 선생님이 단호하게 말했습니다.

"자, 모두 집중! 선생님 지시가 있을 때만 기구를 만져야 해. 오늘은 여러 가루 물질이 물을 만나면 어떤 반응을 일으키는지 실험할 거야."

아이들은 먼저 병 안에 빨간색 물감이 섞인 물비누와 식초를 부었습니다. 그리고 탄산나트륨 가루를 넣었습니다. 그러자 아이들이 놀라움의 비명을 질렀습니다.

"화산 폭발이다!"

병 속에서 가루와 물이 분수처럼 끓어올라 실험대 위로 흘러내렸습니다.

"무슨 맛일까?"

지권이가 손가락으로 찍어서 맛을 보려 했습니다.

"안 돼! 함부로 입에 넣으면 큰일 나!"

선생님이 발견하지 않았다면 무슨 일이 벌어졌을지 모를 일이었습니다.

게다가 민수는 집에 가서 실험해 본다고 몰래 가루를 가지고 가려다 혼이 났습니다.

"과학실 물건들은 위험한 성분들이 많아서 함부로 만지거나 밖으로 가지고 나가면 절대 안 돼."

수업을 마친 아이들은 화장실에서 손을 씻는 것도 잊지 않았습니다.

이튿날, 아이들은 과학실에서 있었던 지권이와 민수 얘기로 이야기꽃을 피웠습니다.

급식 시간이 되자 미미는 어묵 조림 하나를 젓가락으로 들고 말했습니다.

"민수야, 이것도 집에 갖고 가서 실험해 봐. 공룡 화석인지, 아닌지?"

"하지 마……."

"호호호, 너는 친구 코딱지도 집에 갖고 가지?"

"에이! 내가 바본 줄 알아?"

화가 난 민수가 식식거리며 다가오자 미미가 급하게 일어나다 넘어지고 말았습니다. 그 순간 와장창, 쨍그랑, 땡그르르! 바닥에 그릇과 숟가락은 물론 밥과 국, 반찬까지 다 쏟아졌습니다. 미미의 옷도 반찬과 국물로 범벅이 되었습니다. 그나마 국이 뜨겁지 않아 다행이었습니다.

"으앙!"

놀란 미미는 소리를 지르며 울었습니다.

선생님이 미미를 보건실로 데리고 갔습니다. 혹시 다친 곳이 있는지 확인을 해야 하니까요. 그런데 이 난리에도 진구는 현호와 숟가락으로 칼싸움을 한다며 장난을 쳤습니다.

그때, 진구의 숟가락이 손에서 빠져나가면서 앞자리에 앉은 희진이 국그릇에 빠졌습니다. 국이 희진이의 얼굴과 옷에 튀었습니다.

"으악, 뭐야? 나 안 먹어!"
희진이가 손으로 얼굴을 닦으며 엉엉 울었습니다.
미미를 보건실에 데려다주고 온 선생님이 뛰어왔습니다.
"이런! 숟가락이 눈에 맞았으면 어쩔 뻔했니?"
진구와 현호는 선생님께 꾸지람을 들었습니다.

선생님은 희진이의 얼굴과 옷을 닦아 주고, 다른 자리로 옮겨 주었습니다.

"휴, 너희 때문에 선생님 점심도 못 드시겠다. 급식실에서는 밥 먹고, 과학실에서는 실험하고! 알았니? 특별실에서는 좀 특별하게!"

채원이가 어른처럼 말했습니다.

현호와 진구는 잘못해서 야단맞는 강아지들처럼 고개를 다른 곳으로 돌렸습니다. 그리고 함께 입을 맞추어 동시에 웅얼거렸습니다.

"그래, 급식실은 밥 먹는 데지……."

안전이 최고야!

🌱 문제를 잘 보고 알맞은 곳에 스티커를 붙여 보세요.

1 급식을 받을 때 어떻게 하나요?

㉮ 줄을 서서 차례를 기다려요.

㉯ 숟가락이나 젓가락으로 장난쳐요.

2 식판을 들고 갈 때는 어떻게 하지요?

㉮ 음식이 흐르거나 묻지 않도록 앞을 보고 천천히 가요.

㉯ 빨리 갈수록 좋으니까 얼른 뛰어가요.

3 과학실에서 무엇을 조심해야 하나요?

㉮ 신기해 보이는 것들은 다 만져 보아요.

㉯ 선생님이 허락하시는 것만 만지고 사용해요.

4 미술실에서 무엇을 주의해야 하나요?

㉮ 미술 용품으로 친구에게 장난쳐요.

㉯ 조각칼 등 위험한 물건은 조심해서 다루어요.

5 음악실에서는 어떻게 해야 하나요?

㉮ 악기를 조심히 다루고 장난치지 않아요.

㉯ 악기를 함부로 만지고 두드려요.

노경실 선생님이 들려주는 '특별실 안전'

학교에는 교실과 보건실 말고도 과학실, 미술실, 음악실 등 여러 특별실이 있어요. 그곳에는 처음 보는 신기한 물건들이 많이 있을 거예요. 호기심이 생긴다고 특별실 물건을 마구 만지고, 함부로 열어 보고, 장난감처럼 가지고 놀면 큰 사고가 일어날 수 있어요. 특별실에서는 다른 곳에서보다 더욱 더 조심하고, 선생님 말씀에 귀를 기울이는 것이 중요합니다.

정답 ① 나 지어 / ② 가 어지 / ③ 가 어지 / ④ 나 어지 / ⑤ 가 어지

Safe lifestyle to create a safe future

These days, why do we live in a more dangerous world despite the new technologies and high-tech products? The biggest reason is the social structure that is so complicated and moving insanely fast. It is really important to create a safe environment. Safety education is essential at home, at school, in the neighborhood, and at work. Among them, it is the most important to keep our own safety.

Safety is not kept by 'words' or 'thoughts'. 'Knowing the right thing', that is, we need knowledge. Do you remember the proverb, "I see as much as I know, I understand as much as I know?" Even in the case of safety, the situation is the same. As far as we know, we can keep our safety. So it's very dangerous to know roughly. We must have the right safety knowledge through books and education.

The 'Children's Safety Fairy Tales Series' tells children that keeping my body safe is: first, to protect my life and health, second, the first step in shaping my wonderful future. Also, it gives pleasure to our loved families and friends. I hope this book will be a good and friendly friend and teacher for the children's happy and safe life.